Cornelia Haas · Ulrich Renz

Mi sueño más bonito

My Most Beautiful Dream

Libro infantil bilingüe

con audiolibro y vídeo online

Traducción:

Raquel Catala (español)

Sefâ Jesse Konuk Agnew (inglés)

Audiolibro y vídeo:

www.sefa-bilingual.com/bonus

Acceso gratuito con la contraseña:

español: **BDES1428**

inglés: **BDEN1423**

Lulu no puede dormir. Todos los demás ya están soñando – el tiburón, el elefante, el ratoncito, el dragón, el canguro, el caballero, el mono, el piloto. Y el pequeño leoncito. Al osito también se le cierran casi los ojos …

Oye osito, ¿me llevas contigo a tu sueño?

Lulu can't fall asleep. Everyone else is dreaming already – the shark, the elephant, the little mouse, the dragon, the kangaroo, the knight, the monkey, the pilot. And the lion cub. Even the bear has trouble keeping his eyes open …

Hey bear, will you take me along into your dream?

Y así está Lulu en el país de los sueños de los osos. El osito está pescando en el lago de Tagayumi. Y Lulu se pregunta, ¿quién vivirá arriba en los árboles?

Al terminar el sueño, Lulu quiere descubrir aún más cosas. ¡Ven conmigo, vamos a visitar al tiburón! ¿Qué estará soñando?

And with that, Lulu finds herself in bear dreamland. The bear catches fish in Lake Tagayumi. And Lulu wonders, who could be living up there in the trees?

When the dream is over, Lulu wants to go on another adventure. Come along, let's visit the shark! What could he be dreaming?

El tiburón está jugando a perseguir a los peces. ¡Por fin tiene amigos!
Nadie tiene miedo de sus dientes puntiagudos.

Al terminar el sueño, Lulu quiere descubrir aún más cosas. ¡Venid con
nosotros, vamos a visitar al elefante! ¿Qué estará soñando?

The shark plays tag with the fish. Finally he's got some friends! Nobody's afraid of his sharp teeth.

When the dream is over, Lulu wants to go on another adventure. Come along, let's visit the elephant! What could he be dreaming?

El elefante es tan ligero como una pluma y ¡puede volar! Está a punto de aterrizar en la pradera celestial.

Al terminar el sueño, Lulu quiere descubrir aún más cosas. ¡Venid con nosotros, vamos a visitar al ratoncito! ¿Qué estará soñando?

The elephant is as light as a feather and can fly! He's about to land on the celestial meadow.

When the dream is over, Lulu wants to go on another adventure. Come along, let's visit the little mouse! What could she be dreaming?

El ratoncito está mirando la feria. Lo que más le gusta es la montaña rusa.
Al terminar el sueño, Lulu quiere descubrir aún más cosas. ¡Venid con
nosotros, vamos a visitar al dragón! ¿Qué estará soñando?

The little mouse watches the fair. She likes the roller coaster best.
When the dream is over, Lulu wants to go on another adventure. Come
along, let's visit the dragon! What could she be dreaming?

El dragón tiene sed de tanto escupir fuego. Le gustaría beberse todo el lago de limonada.

Al terminar el sueño, Lulu quiere descubrir aún más cosas. ¡Venid con nosotros, vamos a visitar al canguro! ¿Qué estará soñando?

The dragon is thirsty from spitting fire. She'd like to drink up the whole lemonade lake.

When the dream is over, Lulu wants to go on another adventure. Come along, let's visit the kangaroo! What could she be dreaming?

El canguro salta por la fábrica de dulces y llena toda su bolsa. ¡Más de los caramelos azules! ¡Y más piruletas! ¡Y chocolate!

Al terminar el sueño, Lulu quiere descubrir aún más cosas. ¡Venid con nosotros, vamos a visitar al caballero! ¿Qué estará soñando?

The kangaroo jumps around the candy factory and fills her pouch. Even more of the blue sweets! And more lollipops! And chocolate!

When the dream is over, Lulu wants to go on another adventure. Come along, let's visit the knight! What could he be dreaming?

El caballero está teniendo una pelea de pasteles con la princesa de sus sueños. ¡Oh, no! ¡El pastel de crema ha ido en la dirección equivocada! Al terminar el sueño, Lulu quiere descubrir aún más cosas. ¡Venid con nosotros, vamos a visitar al mono! ¿Qué estará soñando?

The knight is having a cake fight with his dream princess. Oops! The whipped cream cake has gone the wrong way!

When the dream is over, Lulu wants to go on another adventure. Come along, let's visit the monkey! What could he be dreaming?

¡Por fin ha nevado en el país de los monos! Toda la banda de monos se ha
vuelto loca y está haciendo tonterías.

Al terminar el sueño, Lulu quiere descubrir aún más cosas. ¡Venid con
nosotros, vamos a visitar al piloto! ¿En qué sueño habrá aterrizado?

Snow has finally fallen in Monkeyland. The whole barrel of monkeys is beside itself and getting up to monkey business.

When the dream is over, Lulu wants to go on another adventure. Come along, let's visit the pilot! In which dream could he have landed?

El piloto vuela y vuela. Hasta el fin del mundo y aún más allá, hasta las estrellas. Esto no lo ha conseguido ningún otro piloto.

Al terminar el sueño, están ya todos muy cansados y no desean descubrir mucho más. Pero aún quieren visitar al pequeño leoncito. ¿Qué estará soñando?

The pilot flies on and on. To the ends of the earth, and even farther, right on up to the stars. No other pilot has ever managed that.

When the dream is over, everybody is very tired and doesn't feel like going on many adventures anymore. But they'd still like to visit the lion cub.

What could she be dreaming?

El pequeño leoncito tiene nostalgia y quiere volver a su cálida y acogedora cama.

Y los demás también.

Y ahí empieza ...

The lion cub is homesick and wants to go back to the warm, cozy bed.
And so do the others.

And thus begins ...

... el sueño más bonito
de Lulu.

... Lulu's
most beautiful dream.

Los autores

Cornelia Haas nació en 1972 cerca de Augsburg, Alemania. Después de su formación como fabricante de cárteles publicitarios, estudió diseño en la escuela técnica superior en Münster y allí se graduó como diseñadora. Desde 2001 ha ilustrado libros infantiles y juveniles, desde 2013 enseña como profesora de pintura acrílica y digital en la escuela técnica superior de Münster.

Ulrich Renz nació en 1960 en Stuttgart (Alemania). Después de estudiar literatura francesa en París, se graduó en la facultad de medicina de Lübeck y trabajó como director de una editorial científica. Hoy en día trabaja como publicista autónomo y, además de escribir libros de divulgación científica, escribe cuentos y libros infantiles.

¿Te gusta pintar?

Aquí encontrarás las ilustraciones de la historia para colorear:

www.sefa-bilingual.com/coloring

Que duermas bien, pequeño lobo

Edad recomendada: a partir de 2 años

con audiolibro y vídeo online

Tim no puede dormir. ¡Su lobo pequeño no está! ¿Quizás lo olvidó afuera?
Solo se encamina a la noche – y recibe inesperadamente compañía...

¿Disponible en tus idiomas?

▶ Consulta nuestro „Asistente de idiomas" :

www.sefa-bilingual.com/languages

Los cisnes salvajes

Basado en un cuento de hadas de Hans Christian Andersen

Edad recomendada: a partir de 4-5 años

„Los cisnes salvajes» de Hans Christian Andersen de buena razón es uno de los cuentos más leídos del mundo. De forma atemporal enfoca temas del drama humano: miedo, valentía, amor, traición, separación y reencuentro.

¿Disponible en tus idiomas?

► Consulta nuestro „Asistente de idiomas" :

www.sefa-bilingual.com/languages

© 2024 by Sefa Verlag Kirsten Bödeker, Lübeck, Germany

www.sefa-verlag.de

Special thanks to Paul Bödeker, Freiburg, Germany

Font: Noto Sans

ISBN: 9783739963655